Pia Deges

Monsterlecker

Kekse, Kuchen und Muffins für Kids

Fotografiert von Michael Ruder

Hölker Verlag

Inhalt

Vorwort   5

Basisrezepte   6

Kleine Knabbereien   8

Köstliche Kuchen   30

Pompöser Partyspaß   50

Glücksgeschenke   74

Register   94

Vorwort

Ich liebe den Duft von frisch gebackenem Kuchen und selbst gemachten Keksen! Und ich liebe glücklich grinsende Kinder, die munter mampfen. Was lag da näher, als das passende Buch zu schreiben und lauter Glückskrümeleien zu kneten, zu backen, zu verzieren und zu basteln?

Der Anspruch an meine Rezepte ist, dass sie nicht nur köstlich schmecken, sondern auch einfach zu backen sind. Und zwar ohne viel Tamtam. Fondantkniffeleien und komplizierte Kunstwerke suchen Sie hier vergeblich. Dafür gibt es viele Leckereien, die ohne umfassende Vorkenntnisse zu backen sind, einem ein Schmunzeln ins Gesicht zaubern, die Kinder zum Quieken bringen und dabei schön anzusehen sind oder einen frech anglotzen.

Einfach zwei Zuckeraugen auf den Schokoladenkeks geklebt und schon wirkt er ganz anders – oft sind es genau diese Kleinigkeiten, die die Kleinen verzaubern, begeistern und glücklich machen.

Also: Hinein in die Zuckerbäckerei!
Ich wünsche ganz viel Freude dabei

Pia

Zuckerguss und Zuckeraugen

Für 1 Tasse Zuckerguss oder
ca. 100 Zuckeraugen

2 Eiweiß
250 g Puderzucker
½ TL Zitronensaft nach Belieben

Außerdem:
Lebensmittelfarbstift in Schwarz

1 Eiweiße halbsteif schlagen. Nach und nach den Puderzucker einrieseln lassen. Zitronensaft zugeben und so lange schlagen, bis die Masse dick und steif ist und schön glänzt – fertig ist der Zuckerguss!

2 Für die Zuckeraugen Guss in einen Spritzbeutel mit Lochtülle füllen und kleine bis mittelgroße Kreise auf ein Stück Backpapier platzieren. Zuckerguss über Nacht aushärten lassen und am nächsten Tag mit schwarzer Schriftfarbe Pupillen aufmalen.

Fast jedes Gebäck erhält mit Zuckerguss verziert oder mit Zuckeraugen beklebt einen witzigen und charmanten Anstrich. So werden Cake-Pops zu Vampiren (s. S. 55), Nussplätzchen zu krabbelnden Spinnen (s. S. 73) und Schokomuffins zu gutmütigen Bären (s. S. 71).

Kleine Knabbereien

Außerirdische im Anmarsch

WITZIGES HEFEGEBÄCK VOM ANDEREN STERN

Zubereitung 25 Min. • Gehen 1½ Std. • Backen 15 Min.

Für 10 Stück

- 400 g Mehl
- 80 g Zucker
- 1 Prise Salz
- 150 ml Milch
- 50 g Butter
- 20 g frische Hefe
- 50 ml lauwarmes Wasser

Zum Verzieren:
- ca. 15 ganze Mandeln
- ca. 30 g Kürbiskerne
- ca. 30 g Pinienkerne
- ca. 25 Zuckeraugen (s. S. 6)
- Papierstrohhalme nach Belieben

Außerdem:
- 1 Eigelb

1 Mehl, Zucker und Salz in einer Rührschüssel mischen. Milch in einem kleinen Topf erhitzen und die Butter darin schmelzen. Hefe mit dem Wasser verrühren.

2 Milch-Butter-Mischung zum Mehl in die Schüssel geben und alle Zutaten mit den Knethaken des Handrührgeräts verkneten. Dann die aufgelöste Hefe unterkneten und alles in 5 Min. zu einem glatten, geschmeidigen Teig verarbeiten. Abgedeckt ca. 1 Std. an einem warmen Ort gehen lassen.

3 Teig in 10 Portionen teilen und kleine Außerirdische daraus formen. 30 Min. gehen lassen. Kekse mit Mandeln, Kürbis- und Pinienkernen verzieren und die Kerne als Münder oder Haare verwenden.

4 Den Backofen auf 180 °C vorheizen, ein Backblech mit Backpapier auslegen. Eigelb mit 1 EL Wasser verquirlen, die Figuren damit einpinseln und auf das Blech legen. 15 Min. backen. Abkühlen lassen.

5 Zuckeraugen mit etwas Wasser auf die gewünschten Stellen kleben. Im getrockneten Zustand halten sie sehr gut. Nach Belieben Papierstrohhalme zu Antennen und Halsverlängerungen umfunktionieren: Dafür einfach auf die gewünschte Größe zuschneiden und in den Hefeteig stecken.

Familie Keks

SHORTBREAD-KEKSE MIT SCHOKOLADENGESICHT

Zubereitung 30 Min. • Ruhen 1 Std. • Backen 12 Min.

1 Butter in kleine Stücke schneiden und mit dem Puderzucker verkneten. Mehl zugeben und alles mit den Knethaken des Handrührgeräts zu einem geschmeidigen Teig verarbeiten. Zu einer Kugel gerollt und in Frischhaltefolie gewickelt 1 Std. kalt stellen.

2 Den Backofen auf 150 °C vorheizen, ein Backblech mit Backpapier auslegen. Teig ca. 0,7 cm dick ausrollen. Mit einem Kreisausstecher (Ø 6 cm) die Kekse ausstechen und auf das Blech legen. Mit einem Messer oder einem Schaschlikspieß Gesichtszüge einritzen und die Plätzchen 12 Min. backen. Abkühlen lassen.

3 Schokoladen jeweils über dem Wasserbad schmelzen und die Gesichter so hineintunken, dass sie Frisuren oder einen Bart erhalten. Für weitere witzige Frisurenvarianten Schokostreusel oder Kokosflocken auf die noch warme Schokolade streuen.

Für 25 Kekse

200 g gesalzene Butter
100 g Puderzucker
250 g Mehl

Zum Verzieren:
50 g weiße Schokolade
50 g Zartbitterschokolade
Schokostreusel oder Kokosflocken nach Belieben

Für die Ahnengalerie aus gemustertem Fotokarton unterschiedliche Rahmen ausschneiden und diese mit einem schwarzen Stift verzieren.

Bravouröse Brötchen

KNUSPRIGE SONNTAGSBRÖTCHEN MIT SCHOKOLADE

Zubereitung 1 Std. • Ruhen 1 Std., 20 Min. • Backen 50 Min.

1 Wasser in eine Rührschüssel füllen. Hefe und Zucker zugeben und unter Rühren auflösen. Mehl, Salz und weiche Butter in Stücken zugeben und alles zu einem Teig verkneten. Mit Frischhaltefolie abgedeckt 1 Std. kalt stellen.

2 Schokolade in 10 längliche Stücke schneiden. Restliche Butter zwischen zwei Lagen Frischhaltefolie zu einem Quadrat (20 x 20 cm) drücken. Teig auf einer bemehlten Arbeitsfläche zu einem Quadrat (30 x 30 cm) ausrollen. Butterquadrat auf den Teig legen, untere Lage Frischhaltefolie entfernen. Die vier Ecken der Butter sollten jeweils auf die Mitte der Teigseiten zeigen. Obere Lage Frischhaltefolie entfernen. Teigecken über die Butter zur Mitte klappen. Teigkanten fest zusammendrücken. Zu einem Rechteck (25 x 35 cm) ausrollen. Von der langen Seite aus so einschlagen, dass drei Lagen entstehen. In Folie gewickelt 20 Min. kalt stellen.

3 Den Backofen auf 50 °C vorheizen, ein Backblech mit Backpapier auslegen. Teig auf einer bemehlten Arbeitsfläche zu einem Rechteck (20 x 25 cm) ausrollen und halbieren, sodass zwei Rechtecke (10 x 25 cm) entstehen. In 5 Streifen schneiden, die Ränder mit Wasser bestreichen. Schokoladenstücke in der Mitte platzieren und die Teigstreifen von der kurzen Seite her aufrollen. Im Ofen ca. 30 Min. gehen lassen. Blech herausnehmen und die Temperatur auf 160 °C stellen. Ei und Milch verquirlen, Teigrollen damit bestreichen und 20 Min. backen.

Für 10 Brötchen

120 ml lauwarmes Wasser
10 g frische Hefe
30 g Zucker
250 g Mehl
1 Prise Salz
150 g Butter, davon 50 g weich
100 g Zartbitterschokolade

Außerdem:
Mehl zum Verarbeiten
1 Ei
1 EL Milch

Glotzendes Gebäck

MONSTERGUTE SCHOKOKEKSE MIT ZUCKERAUGEN

Zubereitung 30 Min. • Backen 15–20 Min.

Für 35–40 Kekse

100 g weiße Schokolade
100 g Zartbitterschokolade
100 g Vollmilchschokolade
175 g Butter
75 g brauner Zucker
1 Ei
1 Prise Salz
200 g Mehl
3 EL Kakaopulver

Zum Verzieren:
½ Tasse Zuckerguss (s. S. 6)
70–80 Zuckeraugen (s. S. 6)

1 Schokoladen grob hacken. Butter und Zucker mit den Rührbesen des Handrührgeräts cremig schlagen. Ei und Salz zugeben und unterrühren. Mehl und Kakao mischen und unterrühren. Zum Schluss die gehackte Schokolade mit einer Gabel unterheben.

2 Den Backofen auf 160 °C vorheizen, ein Backblech mit Backpapier auslegen. Mit zwei Teelöffeln walnussgroße Teigkugeln formen, aufs Blech setzen und 15–20 Min. backen. Auf einem Kuchengitter abkühlen lassen.

3 Zuckerguss auf die Rückseite der Augen streichen und die Zuckeraugen damit aufkleben.

Wenn Sie die glotzenden Kekse luftdicht verschlossen aufbewahren, halten sie sich ca. 2 Wochen.

Köstliche Kringel

BUNTE DONUTS MIT ZUCKER- UND SCHOKOLADENGUSS

Zubereitung 1 Std. • Ruhen 1 Std. • Gehen 1 Std. • Frittieren 1–2 Min. pro Vorgang

Für ca. 15 Donuts

175 ml Milch
50 g Butter
400 g Mehl
1 Pck. Trockenhefe
70 g Zucker
1 Pck. Vanillezucker
Salz
1 Ei
1 Eigelb

Zum Verzieren:
100 g Lieblingsschokolade
1 Tasse Zuckerguss (s. S. 6)
Zucker- und Schokoladenstreusel nach Belieben

Außerdem:
Mehl zum Verarbeiten
Öl zum Frittieren

1 Milch in einem kleinen Topf erwärmen und die Butter darin schmelzen. Mehl, Trockenhefe, Zucker, Vanillezucker und Salz in einer Rührschüssel mischen. Den warmen Milchmix, Ei und Eigelb zugeben und alles mit den Knethaken des Handrührgeräts zu einem geschmeidigen Teig verkneten. Abgedeckt 1 Std. im Kühlschrank ruhen lassen, anschließend erneut durchkneten.

2 Teig auf einer bemehlten Arbeitsfläche ca. 1,5 cm dick ausrollen. Mit einem Donutausstecher (Ø 8 cm) Teigringe ausstechen und aufs Blech setzen. Abgedeckt 1 Std. an einem warmen Ort gehen lassen.

3 Öl in der Fritteuse auf 180 °C erhitzen und je 4 Teigkringel 1–2 Min. frittieren, bis sie goldbraun sind. Zwischendurch einmal wenden. Auf Küchenpapier entfetten und abkühlen lassen.

4 Schokolade über dem heißen Wasserbad schmelzen und die Donuts mit Zuckerguss und Schokolade überziehen. Nach Belieben mit Zucker- und Schokoladenstreuseln verzieren.

Der Zuckerguss wird schön bunt, wenn Sie ihn mit etwas Lebensmittelfarbe verrühren. Er eignet sich – wie auch Erdnüsse, Marshmallows oder Mandelsplitter – prima zum Verzieren.

Knusprige Pop-Tarts

FRUCHTIGE ERDBEERKISSEN MIT BUNTEM TOPPING

Zubereitung 40 Min. • Ruhen 2 Std. • Backen 10 Min.

1 Butter und Zucker mit den Rührbesen des Handrührgeräts in einer Schüssel vermischen, bis eine cremige, schaumige Masse entstanden ist. Ei zufügen und unterschlagen.

2 Mehl, Backpulver, Salz und Vanillearoma unterrühren und den Teig zu einer runden Kugel formen. In Frischhaltefolie gewickelt 2 Std. im Kühlschrank ruhen lassen.

3 Den Backofen auf 160 °C vorheizen, ein Backblech mit Backpapier auslegen. Teig auf einer bemehlten Arbeitsfläche 0,5 cm dick ausrollen und 20 Rechtecke (9 x 6 cm) ausstechen. Auf die Hälfte der Rechtecke je 1 TL Erdbeermarmelade geben, dann ein zweites Rechteck darüberlegen. Die Seiten mit einer Gabel zusammendrücken, die Pop-Tarts aufs Blech legen und 10 Min. backen, bis sie golden sind. Abkühlen lassen.

4 Pop-Tarts mit der Oberfläche in den Zuckerguss tauchen und anschließend mit Zuckerstreuseln verzieren.

Für 10 Pop-Tarts

230 g weiche Butter
85 g Zucker
1 Ei
500 g Mehl
½ TL Backpulver
½ TL Salz
1 Pck. Bourbon-Vanille-Aroma
10 TL Erdbeermarmelade

Zum Verzieren:
½ Tasse Zuckerguss (s. S. 6)
3 EL Zuckerstreusel

Außerdem:
Mehl zum Verarbeiten

 Die Pop-Tarts schmecken auch mit Himbeer- oder Aprikosenmarmelade köstlich. Wer es lieber schokoladiger mag, füllt sie mit Nuss-Nougat-Creme oder Schokoladenstückchen.

Superbären

FRISCH GEBACKENE HEFEHELDEN MIT ROSINEN

Zubereitung 20 Min. • Backen 15 Min.

Für 5–6 Stück

375 g Mehl
3 EL Zucker
1 Pck. Vanillezucker
1 Prise Salz
200 ml Milch
50 g Butter
1 Würfel frische Hefe (42 g)

Zum Verzieren:
1 Handvoll Rosinen
Geschenkpapier
½ Tasse Zuckerguss (s. S. 6)

Außerdem:
1 Eigelb

1 Mehl, Zucker, Vanillezucker und Salz in einer Rührschüssel vermischen. Milch und Butter in einem kleinen Topf bis kurz vor den Siedepunkt erhitzen und zu der Mehlmischung geben. Mit den Knethaken des Handrührgeräts verkneten. Die Hefe darüberbröseln und so lange weiterkneten, bis sich der Teig vom Rand der Schüssel löst und Blasen wirft.

2 Den Backofen auf 170 °C vorheizen, ein Backblech mit Backpapier auslegen. Aus dem Teig Superbären formen: je 1 faustgroßes Oval als Bauch, 1 kleinere Kugel als Kopf und 4 Kugeln als Arme und Beine. Außerdem noch jeweils 1 Streifen als Augenbinde und 1 Nase formen.

3 Eigelb mit 1 EL Wasser verquirlen und die Bären damit einpinseln. Rosinen in den Teig drücken und als Augen, Nase und Bauchnabel verwenden. Die Bärchen 15 Min. backen. Aus buntem Geschenkpapier Umhänge und Heldenzeichen ausschneiden und mit Zuckerguss ankleben. Papierdeko vor dem Naschen wieder entfernen.

Seesterne

AROMATISCHER NUSSKUCHEN IN SCHOKOHÜLLE

Zubereitung 35 Min. • Backen 30 Min.

Für 12 Seesterne

- 3 Eier
- 200 g weiche Butter
- 200 g Zucker
- 200 g Mehl
- 1 TL Backpulver
- 200 g gemahlene Haselnüsse
- 100 ml Milch

Zum Verzieren:
- 200 g Vollmilchkuvertüre
- 100 g gemahlene Haselnüsse
- 24 Zuckeraugen (s. S. 6)

1 Den Backofen auf 180 °C vorheizen und ein tiefes Backblech (30 x 40 cm) mit Backpapier auslegen. Eier, Butter und Zucker in einer Rührschüssel cremig rühren. Mehl und Backpulver mischen und unterrühren. Dann gemahlene Haselnüsse und Milch zufügen und alles gut verrühren.

2 Teig gleichmäßig auf dem Blech verstreichen und 30 Min. backen. Auf dem Blech abkühlen lassen, dann Sterne (Ø 6–8 cm) ausstechen.

3 Kuvertüre schmelzen. Die Sterne in Kuvertüre tauchen und auf ein Kuchengitter legen. Mit den gemahlenen Haselnüssen bestäuben und die Zuckeraugen mit je 1 Klecks Kuvertüre aufkleben.

Statt der Nüsse eignen sich auch Mandeln. Aus dem Nusskuchen können Sie mit jeder beliebigen, etwas größeren Ausstechform Motive ausstechen, zum Beispiel Dinosaurier, Herzchen oder andere Figuren.

Luftballonkekse

ZITRONEN-RICOTTA-GEBÄCK MIT GUMMIBÄRCHEN

Zubereitung 25 Min. • Backen 15 Min. pro Blech

1 Den Backofen auf 180 °C vorheizen, zwei Backbleche mit Backpapier auslegen. Butter und Zucker mit den Rührbesen des Handrührgeräts schaumig schlagen. Eier zugeben.

2 Zitronenschale abreiben, Zitrone auspressen. Ricotta, Zitronensaft und -abrieb zur Butter-Zucker-Masse geben und sorgfältig unterrühren. Mehl, Backpulver und Salz zugeben und alles zu einem lockeren Teig verkneten.

3 Jeweils 1 gehäuften Teelöffel Teig zu einer Kugel rollen und mit dem Daumen mittig eine Mulde hineindrücken. Kekse auf die Bleche legen, je 1 Gummibärchen in jede Mulde legen und die Plätzchen 15 Min. backen, bis ihre Ränder sich leicht golden färben. Auf dem Blech abkühlen lassen.

Für 40 Kekse

125 g Butter
250 g Zucker
2 Eier
1 Bio-Zitrone
250 g Ricotta
300 g Mehl
1 TL Backpulver
1 Prise Salz
40 Gummibärchen

Die Kekse lassen sich auch mit Marshmallows oder mit im Blitzhacker zerkleinerten oder im Mörser zerstoßenen Fruchtbonbons backen.

Duftende Knusperblumen

KLEINE PIE-POPS MIT ÜBERRASCHUNGSFÜLLUNG

Zubereitung 40 Min. • Ruhen 1 Std. • Backen 8–10 Min. pro Blech

Eine kleine Cellophantüte mit Geschenkband um die Blume binden und fertig ist das köstliche Mitbringsel.

1 Butter in kleine Stücke schneiden, Mehl mit Backpulver mischen und alles in einer Schüssel vermengen. Die restlichen Zutaten bis auf die Schokolinsen oder Marmelade zugeben und alles mit den Knethaken des Handrührgeräts zu einem Teig verkneten. Auf einer bemehlten Arbeitsfläche mit den Händen zu einer Teigkugel formen und in Frischhaltefolie gewickelt 1 Std. im Kühlschrank ruhen lassen.

2 Den Backofen auf 180 °C vorheizen, zwei Backbleche mit Backpapier auslegen. Teig 3 mm dünn ausrollen und für jeden Pie-Pop zwei Blumen ausstechen. Die Hälfte der Blumen auf die Bleche legen und mittig mit Schokolinsen oder Marmelade füllen. Je einen ofenfesten Stiel leicht in den Teig drücken. Die anderen Blumen obenauf legen und die Ränder rundherum mit einer Gabel festdrücken.

3 Ei verquirlen, die Pie-Pops damit bestreichen und in 8–10 Min. goldbraun backen. Auf einem Kuchengitter abkühlen lassen.

Für 20 Pie-Pops

70 g Butter
20 g Mehl
1 TL Backpulver
1 Prise Salz
75 g Zucker
1 Pck. Vanillezucker
1 Ei
150 g Schokolinsen oder
10 EL Marmelade

Außerdem:
Mehl zum Verarbeiten
1 Ei
20 Lollistiele

Köstliche Kuchen

Meereskuchen

KÖSTLICHER KÄSEKUCHEN MIT BLAUEM SPIEGEL

Zubereitung 1 Std. • Ruhen 1 Std. • Backen ca. 30 Min. • Abkühlen 30 Min.

1 Butter und Puderzucker mit den Rührbesen des Handrührgeräts schaumig schlagen. Ei unterrühren, dann Mehl zufügen. Teig in Frischhaltefolie gewickelt 1 Std. im Kühlschrank ruhen lassen.

2 Backofen auf 180 °C vorheizen. Teig auf einer bemehlten Arbeitsfläche ausrollen und in eine Springform (Ø 18 cm) legen. Rand gut andrücken, Boden mit Backpapier und Hülsenfrüchten belegen. 12 Min. blindbacken. Abkühlen lassen.

3 Ofentemperatur auf 150 °C stellen. Eier, Puderzucker und Vanillezucker verrühren, dann Frischkäse zugeben und gut unterrühren. Die Füllung auf den Boden gießen und den Kuchen 15–20 Min. backen. Leicht gebräunte Stellen sind nicht schlimm, sie wirken wie Steine unter Wasser. Den Kuchen vollständig abkühlen lassen.

4 Für den Spiegel 120 ml Wasser mit Blue Curaçao Sirup erhitzen und die Gelatine darin auflösen. Mischung abkühlen lassen und vorsichtig auf den Kuchen gießen. Die Schicht ca. 30 Min. im Kühlschrank fest werden lassen.

Für 1 Kuchen

Für den Boden:
75 g weiche Butter
75 g Puderzucker
1 Ei
150 g Mehl

Für die Füllung:
3 Eier
75 g Puderzucker
2 EL Vanillezucker
200 g Doppelrahmfrischkäse

Für den Spiegel:
20 ml Blue Curaçao Sirup
(z. B. Monin)
3 Blatt weiße Gelatine

Außerdem:
Mehl zum Verarbeiten
500 g getrocknete Hülsenfrüchte zum Blindbacken

Der Kuchen ist sehr wandelbar. Mit Plastikfiguren aus der Spielzeugkiste können Sie das Motto selbst bestimmen und mit Piraten, Meerestieren oder Meerjungfrauen kleine Welten kreieren. Wenn der Kuchen größer werden soll, Menge verdoppeln und eine große Springform (Ø 26 cm) verwenden.

Blitzschnelle Krümelei

KÜCHLEIN IN DER TASSE MIT ZARTER KARAMELLNOTE

Zubereitung 5 Min. • Backen 1 Min.

1 Alle Zutaten bis auf die Karamellcreme in einer Tasse vermengen. Mit einer Kuchengabel so lange rühren, bis die Masse schön geschmeidig ist. Die Karamellcreme mit der Gabel unterziehen, aber nicht komplett verrühren, sodass Schlieren entstehen.

2 Tasse 1 Min. in der Mikrowelle erhitzen. Stäbchenprobe machen und den Kuchen evtl. noch weitere 15 Sek. backen. Einige Min. abkühlen lassen.

Für 1 Küchlein

4 EL Mehl
1 Msp. Backpulver
2 EL Zucker
3 EL Milch
1 TL Pflanzenöl
1 EL Karamellcreme

 Aus 50 ml Sahne, 1 TL Zucker und 1 EL Karamellcreme lässt sich ein tolles Topping herstellen. Sahne und Zucker mit den Rührbesen des Handrührgeräts aufschlagen, Karamellcreme unterrühren und das Topping auf den Tassenkuchen geben.

Südseetraum

MEISTERLICHE MARACUJATORTE MIT PAPAGEIEN

Zubereitung 45 Min. • Abkühlen 3 Std.

Für 1 Kuchen

6 Blatt weiße Gelatine
200 g Schokoladen-Puffreis
300 g Crème fraîche
40 g Zucker
200 ml Passionsfrucht-Smoothie
200 ml Sahne
4 Passionsfrüchte
1 reife Mango
2 EL Puderzucker

Zum Verzieren:
6 Papageienglanzbilder
3 Zahnstocher
2 EL Kokosflocken

1 4 Blatt Gelatine in kaltem Wasser einweichen. Puffreis über dem heißen Wasserbad schmelzen, die Masse auf dem Boden einer Springform (Ø 18 cm) verteilen und mit einem Löffel schön glatt streichen. 1 Std. kalt stellen.

2 Crème fraîche und Zucker verrühren. Smoothie mit der ausgedrückten Gelatine erhitzen, bis sie sich auflöst. Das Ganze unter die Crème-fraîche-Masse rühren. Sahne steif schlagen und vorsichtig unterheben. Die Crème-fraîche-Masse gleichmäßig auf dem Puffreisboden verteilen und den Kuchen 1 Std. in den Kühlschrank stellen.

3 2 Blatt Gelatine in kaltem Wasser einweichen. Passionsfrüchte halbieren, Fruchtfleisch und Saft durch ein Sieb streichen und auffangen. Mango schälen, Fruchtfleisch am Stein entlang herunterschneiden, klein würfeln und mit dem Puderzucker pürieren. Passionsfruchtmus unterrühren. Gelatine ausdrücken, zusammen mit 3 EL Wasser und 3 EL Fruchtpüree erhitzen und darin auflösen. Anschließend zum übrigen Fruchtmus geben und die Masse gleichmäßig auf der Kuchenoberfläche verteilen. 1 Std. im Kühlschrank fest werden lassen.

4 Als Dekoration die Glanzbilder auf die Zahnstocher kleben und in den Kuchen stecken. Kokosflocken auf den Südseetraum streuen.

Mit Hawaiiketten und Palmen lässt sich blitzschnell eine meisterliche Südseedekoration zaubern.

Himmlischer Himbeersommer

SCHNELLE, ERFRISCHENDE TORTE FÜR SONNIGE TAGE

Zubereitung 35 Min. • Abkühlen 4 Std.

Für 1 Kuchen

50 g Butter
50 g Amaretti
100 g Haferkekse

Für die Himbeercreme:
3 Blatt Gelatine
300g Himbeeren
200 g Crème fraîche
40 g Zucker
1 Pck. Vanillezucker
100 ml Sahne

1 Butter in einem kleinen Topf zerlassen. Amaretti und Kekse mit einer Reibe zu kleinen Bröseln reiben und mit der geschmolzenen Butter mischen. Als Boden in eine Springform (Ø 18 cm) füllen, gut festdrücken und 1 Std. kalt stellen.

2 Gelatine in kaltem Wasser einweichen. Himbeeren vorsichtig abbrausen und pürieren. Himbeerpüree mit Crème fraîche, Zucker und Vanillezucker verrühren. Gelatine ausdrücken und in einem kleinen Topf bei geringer Hitze auflösen. 3 EL Himbeerpüree zufügen und verrühren. Dann den Gelatinemix unter das übrige Püree rühren. Sahne steif schlagen und unterheben. Himbeercreme auf dem Boden verteilen und den Kuchen 3 Std. kalt stellen.

 Statt der Himbeeren können Sie auch Erdbeeren oder Blaubeeren verwenden. Bei großem Appetit verdoppeln Sie die Menge einfach und backen den Kuchen in einer größeren Springform (Ø 26 cm).

✽ Statt Vanillezucker können Sie in die Sahne 2 EL Holunderblütensirup rühren. Als Alternative zur Sahnefüllung schmecken auch 200 g Crème fraîche, verrührt mit 1 EL Erdbeersirup.

Luftige Regenbogentorte

WEISSE-SCHOKOLADE-BROWNIES GESTAPELT MIT FRUCHT UND SAHNE

Zubereitung 1 Std. • Backen 20–25 Min. • Abkühlen 30 Min.

1 Den Backofen auf 180 °C vorheizen, ein tiefes Backblech (30 x 40 cm) mit Backpapier auslegen. Schokolade über dem heißen Wasserbad schmelzen und abkühlen lassen. Mehl, braunen Zucker, Zucker, Salz und Butter mit den Rührbesen des Handrührgeräts in einer Schüssel zu einem geschmeidigen Teig verarbeiten. Erst die geschmolzene Schokolade, dann die Eier einzeln zufügen. Teig auf das Blech geben und 20–25 Min. backen, bis die Oberfläche goldbraun ist. 30 Min. abkühlen lassen. Dann mit einem Kuchenring (Ø 12 cm) 6 Kreise ausstechen.

2 Sahne mit Sahnesteif und Vanillezucker steif schlagen. Beeren vorsichtig abbrausen und verlesen, Erdbeeren entkelchen. Größere Früchte halbieren oder vierteln. Einige Erdbeerstücke zum Garnieren beiseitelegen. Mango schälen, Fruchtfleisch am Stein entlang herunterschneiden und in kleine Stücke schneiden. Kiwi und Melone schälen und würfeln.

3 Zunächst die Sahne, dann die Früchte auf dem ersten Kuchenboden verteilen, zweiten Kuchenboden obenauf legen. So weiter schichten, bis alles verbraucht ist. Auf dem obersten Kuchenboden Sahne verstreichen. Mit den Erdbeerstücken garnieren.

Für 1 Torte

Für die Brownies:
200 g weiße Schokolade
200 g Mehl
80 g brauner Zucker
120 g Zucker
1 Prise Salz
125 g weiche Butter
4 Eier

Für die Füllung:
200 ml Sahne
1 Pck. Sahnesteif
1 Pck. Vanillezucker
100 g Himbeeren
100 g Blaubeeren
150 g Erdbeeren
½ Mango
1–2 Kiwi
¼ Cantaloupe Melone

Dinostarke Schokotarte

CREMIG-ZARTE SCHOKOLADENFÜLLUNG AUF MÜRBETEIG

Zubereitung 45 Min. • Backen 30 Min.

Für 1 Tarte

100 g weiche Butter
60 g Puderzucker
1 Ei
200 g Mehl
1 gehäufter TL Kakaopulver

Für die Füllung:
250 g Zartbitterschokolade
100 g Zucker
300 g Sahne
70 g Butter
3 Eier

Außerdem:
500 g getrocknete Hülsenfrüchte zum Blindbacken
Kakaopulver zum Bestäuben

1 Den Backofen auf 175 °C vorheizen. Butter und Puderzucker mit den Rührbesen des Handrührgeräts vermischen. Nacheinander Ei, Mehl und Kakao zugeben. Den Teig zwischen zwei Lagen Frischhaltefolie ausrollen, untere Folie abziehen und die Teigplatte in eine Tarteform (Ø 28 cm) legen. Ränder zurechtdrücken und die zweite Folie entfernen. Boden mit Backpapier und getrockneten Hülsenfrüchten bedecken und die Tarte 15 Min. blindbacken. Abkühlen lassen.

2 In der Zwischenzeit Schokolade mit Zucker und Sahne in einem Topf schmelzen. Butter zugeben und die Masse abkühlen lassen. Eier verquirlen und unter die abgekühlte Schokoladenmasse rühren. Den Backofen auf 150 °C schalten. Die Füllung auf dem Kuchenboden verteilen und die Tarte weitere 15 Min. backen. Abkühlen lassen und mit Kakao bestäuben.

Rosaroter Elefantenkuchen

SÜSSER KUCHEN MIT WEISSER SCHOKOLADE

Zubereitung 1 Std. • Backen 65–70 Min.

Für 1 Kastenkuchen

Für den rosa Teig:
3 Eier, 120 g Zucker
1 Pck. Bourbon-Vanille-Aroma
75 g Mehl
75 g Speisestärke
1 TL Backpulver
150 g saure Sahne
100 ml Rapsöl
1–2 Tropfen pinke Lebensmittelfarbe

Für den hellen Teig:
100 g weiße Schokolade
250 g Butter
180 g Zucker, 1 Prise Salz
4 Eier
400 g Mehl
3 TL Backpulver
½ TL Bittermandelaroma

Außerdem:
Fett für die Form
Puderzucker zum Bestäuben

1 Den Backofen auf 175 °C vorheizen und die Form einfetten. Für den rosa Teig Eier und Zucker in einer Rührschüssel schaumig schlagen. Vanillearoma zugeben. Mehl, Speisestärke und Backpulver mischen und zugeben. Nacheinander saure Sahne und Öl unterrühren, dann Lebensmittelfarbe zufügen. Teig in eine Kastenform (Länge 25 cm) füllen und 45 Min. backen. In der Form abkühlen lassen.

2 Kuchen in 1,5 cm dicke Scheiben schneiden und mit einem entsprechenden Ausstecher Elefanten ausstechen. Gleichmäßig stapeln.

3 Für den hellen Teig die Temperatur auf 180 °C stellen. Weiße Schokolade über dem heißen Wasserbad schmelzen. Butter, Zucker und Salz cremig rühren. Eier einzeln zugeben. Schokolade, Mehl und Backpulver zufügen und gut verrühren.

4 Ein Drittel der Teigmasse in die gefettete Kastenform füllen, Elefantenstapel längs hineinstellen und mit der restlichen Teigmasse bedecken. 20–25 Min. backen. Abkühlen lassen, mit Puderzucker bestäuben, aufschneiden und staunen.

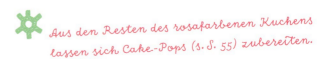

Aus den Resten des rosafarbenen Kuchens lassen sich Cake-Pops (s. S. 55) zubereiten.

Fantastische Fruchtpizza

IT'S PIZZATIME – MIT FRISCHEN ERDBEEREN UND MINZE

Zubereitung 30 Min. • Gehen 1 Std. • Backen 16–18 Min. pro Blech

Für 4 Pizzas

200 g Mehl
1 Prise Salz
50 g brauner Zucker
100 ml Milch
50 g Butter
10 g frische Hefe

Für den Belag:
75 g Mascarpone
100 g Erdbeeren
6 Weintrauben
1 Handvoll Minzeblätter
125 g Crème fraîche
3 TL Erdbeermarmelade
1 EL Vanillezucker
50 g weiße Schokolade

1 Den Backofen auf 180 °C vorheizen, zwei Backbleche mit Backpapier auslegen. Mehl, Salz und Zucker in eine Rührschüssel füllen. Milch und Butter bis kurz vor den Siedepunkt erwärmen, dann zugeben. Zutaten mit den Knethaken des Handrührgeräts leicht verkneten, dann die Hefe darüberbröseln und kneten, bis ein geschmeidiger Teig entstanden ist. Abgedeckt an einem warmen Ort 1 Std. gehen lassen.

2 Teig in 4 Portionen teilen und zu Kreisen (Ø 18 cm) ausrollen. Auf die beiden Bleche legen und die Pizzas jeweils 8–10 Min. backen. Kreise mit Mascparpone bestreichen, dabei einen Rand von ca. 2 cm frei lassen. Weitere 8 Min. backen. Abkühlen lassen.

3 Erdbeeren und Weintrauben waschen. Erdbeeren entkelchen und in Stücke schneiden. Weintrauben ebenfalls klein schneiden. Minze abbrausen und trocken schütteln.

4 Crème fraîche mit Erdbeermarmelade und Vanillezucker verrühren und die Creme auf den Pizzas verteilen. Mit Obst belegen, dann die weiße Schokolade darüberraspeln und mit Minze bestreuen. Sofort servieren, sonst wird die Fruchtpizza zu matschig.

Eierköpfe

LUFTIGER JOGHURTKUCHEN IN WITZIGER FORM

Zubereitung 30 Min. • Backen 15 Min.

1 Den Backofen auf 160 °C vorheizen. Butter, Zucker, Vanillezucker und Salz in einer Rührschüssel cremig rühren. Eier nacheinander zugeben. Mehl und Backpulver mischen und ebenfalls unterrühren. Zum Schluss den Joghurt zugeben.

2 Eierschalenhälften sorgfältig säubern, heiß abwaschen und trocken tupfen. Teig mit einem Spritzbeutel mit Lochtülle zu zwei Dritteln in die Hälften füllen, die Eier in Eierbecher stellen und ca. 15 Min. backen. Abkühlen lassen.

3 Die Eierschalen verzieren, indem Sie Wackelaugen aufkleben und mit den Stiften Gesichter aufmalen – so entstehen witzige kleine Eierköpfe.

Für ca. 20 Stück

100 g weiche Butter
60 g Zucker
1 Pck. Vanillezucker
1 Prise Salz
2 Eier
110 g Mehl
1 TL Backpulver
100 g griechischer Joghurt
ca. 20 Eierschalenhälften

Zum Verzieren:
ca. 40 selbstklebende Wackelaugen
Permanentmarker in Rosa, Rot und Schwarz

Pompöser Partyspaß

Geburtstagsknaller

BUTTERMILCHKUCHEN MIT HOLUNDERCREME

Zubereitung 45 Min. • Backen 20 Min. • Abkühlen 1½ Std.

Für 1 Torte

Für die Tortenböden:
4 Eier
200 g Puderzucker
1 Pck. Vanillezucker
1 Prise Salz
200 ml geschmacksneutrales Öl
150 ml Buttermilch
Abrieb und 50 ml Saft von
1 großen Bio-Zitrone
300 g Mehl
1 Pck. Backpulver

Für die Creme:
3 Blatt Gelatine
200 ml Sahne
1 Pck. Vanillezucker
250 g Mascarpone
200 g Crème fraîche
2 EL Puderzucker
2 EL Holundersirup

Zum Verzieren:
ca. 30 Brauseufos
1 Zuckerperlenkette

1 Eier, Puderzucker, Vanillezucker und Salz in einer Rührschüssel schaumig schlagen. Öl, Buttermilch, Zitronensaft und -abrieb zugeben. Mehl und Backpulver mischen und unterrühren.

2 Den Backofen auf 170 °C vorheizen. Teig in 3 Portionen teilen und in Springformen (Ø 18 cm) füllen. 20 Min. backen. Abkühlen lassen. (Wer keine drei Formen besitzt, kann natürlich auch immer dieselbe nutzen, dann dauert es etwas länger.)

3 Für die Creme Gelatine in kaltem Wasser einweichen. Sahne mit Vanillezucker steif schlagen. Mascarpone und Crème fraîche mit Puderzucker und Holundersirup glatt rühren. Gelatine ausdrücken und in einem kleinen Topf bei geringer Hitze auflösen. 3 EL Mascarponecreme in die Gelatine rühren und diesen Mix dann unter die restliche Creme rühren. Zum Schluss die Sahne unterrühren.

4 Auf den ersten Tortenboden knapp die Hälfte der Creme streichen, den zweiten Boden obenauf legen und ebenfalls mit Creme bestreichen. Letzten Teigboden darauflegen und mit der restlichen Creme die gesamte Torte einhüllen. Ca. 1½ Std. kalt stellen und kurz vor dem Servieren die Brauseufos vorsichtig an den Rand der Torte drücken und die Zuckerperlenkette um den Kuchen drapieren.

Für einen Geburtstagskuchen mit einem großen Augenzwinkern Plastiktiere mit Acrylfarbe anmalen, mit kleinen Partyhütchen aus Geschenkpapier und Pompons bestücken und auf die Torte setzen.

Vampire im Anflug

CAKE-POPS MIT ERDNUSSFÜLLUNG

Zubereitung 30 Min. • Gefrieren 45 Min.

1 Schokoladenkuchen in kleine Stücke zerbröseln. Erdnusscreme und Frischkäse mit den Händen unterkneten. Aus dem Teig kleine Kugeln formen und auf Backpapier legen.

2 Kuvertüre erhitzen. Lollistiele mit der Spitze eintauchen und mit der Schokoladenspitze in die Kugeln stecken. Mit den Stielen nach oben auf einen Teller legen und 45 Min. in das Gefrierfach stellen.

3 Kuvertüre bei Bedarf erneut erhitzen (sie sollte optimalerweise Zimmertemperatur haben). Dann die Kugeln in die Kuvertüre tauchen und die Cake-Pops zum Trocknen in ein Styroporstück stecken.

4 Je 2 Zuckeraugen mit 1 Klecks Kuvertüre auf die Cake-Pops kleben. Auf den hellgrauen Fotokarton Flügel und auf den weißen Gebisse zeichnen und ausschneiden. Die Flügel seitlich in die Kugeln stecken und die Gebisse mit der restlichen Kuvertüre aufkleben. Achtung, vor dem Verzehr nicht vergessen, Gebiss und Flügel wieder zu entfernen.

Für 25 Cake-Pops

300 g Schokoladenkuchen (Fertigprodukt oder Reste, s. S. 44)
50 g Erdnusscreme
100 g Doppelrahmfrischkäse
300 g Zartbitterkuvertüre

Zum Verzieren:
ca. 50 Zuckeraugen (s. S. 6)
Fotokarton in Weiß und Hellgrau

Außerdem:
25 Lollistiele

Piñatakuchen

KOKOSKUCHEN MIT KNALLBUNTER ÜBERRASCHUNG

Zubereitung 1 Std. • Backen 35 Min. • Abkühlen mind. 6 Std.

Für 1 Kuchen

Für die Creme:
200 g weiße Schokolade
250 g Sahne

Für die Kuchenböden:
450 g weiche Butter
450 g Zucker
6 Eier
450 g Mehl
3 TL Backpulver
300 g Kokosflocken

Für die Füllung:
300 g Smarties

Zum Verzieren:
2 TL Zuckerstreusel

Als Überraschungsfüllung schmecken auch Schokolinsen, Zuckerperlen, Geleebohnen oder andere Süßigkeiten.

1 Für die Creme Schokolade in Stücke schneiden und mit der Sahne erhitzen, bis sie sich ganz aufgelöst haben. Im Kühlschrank vollständig erkalten lassen, am besten über Nacht.

2 Den Backofen auf 180 °C vorheizen. Für die drei Tortenböden Butter in einer Rührschüssel schaumig schlagen. Zucker unterrühren. Eier trennen. Eiweiße in einer zweiten Schüssel sammeln. Eigelbe zur aufgeschlagenen Butter geben und goldgelb aufschlagen. Mehl, Backpulver und Kokosflocken mischen und ebenfalls unterrühren. Eiweiße steif schlagen und behutsam unter die Kuchenmasse heben. Teig in 3 Portionen teilen und in Springformen (Ø 18 cm) füllen. 35 Min. backen. Abkühlen lassen. (Wer keine drei Formen besitzt, kann natürlich auch immer dieselbe nutzen, dann dauert es etwas länger.)

3 Schokoladencreme aufschlagen. In einen Kuchenboden mittig einen Kreis (Ø 12 cm) schneiden. Den zweiten Kuchenboden am Rand mit Creme bestreichen und den Kuchenring daraufsetzen. Erneut Creme auf den Kuchenring streichen, Smarties einfüllen und zuletzt den dritten Kuchenboden obenauf setzen. Schichtkuchen ringsherum mit der übrigen Creme bestreichen und mit Zuckerstreuseln verzieren. Vorsichtig anschneiden.

Krachertorte

WALNUSS-BUTTERCREME-KUCHEN FÜR SUPERHELDEN

Zubereitung 1 Std. • Backen 25 Min. • Abkühlen 10 Min.

1 Den Backofen auf 180 °C vorheizen. Walnüsse hacken. Eier trennen. Eiweiße mit den Rührbesen des Handrührgeräts steif schlagen, langsam Zucker und Vanillezucker einrieseln lassen. Eigelbe nacheinander unterziehen. In einer Rührschüssel Mehl, Backpulver und Speisestärke mischen. Mit einem Schneebesen unter die Eimasse ziehen. Walnüsse unterheben, Teig in eine Springform (Ø 18 cm) füllen und 25 Min. backen. Kuchen 10 Min. in der Form abkühlen lassen, dann herauslösen.

2 Für die Buttercreme Eigelb, Speisestärke und etwas Milch in einem Topf verrühren. Dann die übrige Milch zufügen. Auf dem Herd kurz aufkochen lassen. Danach unter häufigem Rühren abkühlen lassen. Butter und Puderzucker schaumig schlagen und die Ei-Milch-Masse nach und nach zufügen.

3 Teigboden waagerecht halbieren. Den ersten Boden 1 cm hoch mit Buttercreme bestreichen, zweiten Boden darauflegen, Torte ringsherum mit der übrigen Creme bestreichen.

4 Für die Dekoration den Umriss eines Superhelden und Sterne auf Tonpapier zeichnen und ausschneiden. Auf Zahnstocher kleben und in den Kuchen stecken, zum Schluss mit Kristallzucker verzieren und mit Zuckersternen bestreuen.

Für 1 Torte

100 g Walnüsse
3 Eier
100 g Zucker
1 Pck. Vanillezucker
70 g Mehl
½ TL Backpulver
2 EL Speisestärke

Für die Buttercreme:
1 Eigelb
3 EL Speisestärke
250 ml kalte Milch
125 g weiche Butter
50 g Puderzucker

Zum Verzieren:
Tonpapier in Hellgrau, Gelb und Blau
8 Zahnstocher
2–3 EL blauer Kristallzucker
je ca. 25 gelbe und blaue Zuckersterne

Monstermampf

SCHOKOLADENKUCHEN MIT PRALINENCREME UND CAKE-POPS

Zubereitung 1½ Std. • Backen 20 Min. • Ruhen mind. 6 Std. • Gefrieren 45 Min.

1 Den Backofen auf 180 °C vorheizen, zwei Springformen (Ø 18 cm) einfetten. Mehl, Kakao, Backpulver und Salz mischen. Buttermilch und Vanillearoma in einer anderen Schüssel verrühren. Butter und Zucker schaumig schlagen. Eier nacheinander unterrühren. Erst Buttermilchmix, dann Mehlmix zu der Butter-Zucker-Masse geben und verrühren. In die Formen füllen und 20 Min. backen. Abkühlen lassen.

2 Für die Creme Schokolade grob hacken. Sahne aufkochen, Schokolade zugeben und rühren, bis sie geschmolzen ist. Mind. 6 Std. im Kühlschrank ruhen lassen. Butter aufschlagen, Schokoladensahne unter ständigem Rühren zugeben und alles zu einer festen Creme schlagen. Auf dem ersten Tortenboden 1 cm dick verstreichen. Zweiten Tortenboden daraufsetzen und die Torte ringsherum mit der Schokocreme bestreichen. Amaretti fein reiben und den Kuchenrand damit bestäuben. Kuchen kalt stellen.

3 Für die Cake-Pops Marmorkuchen und Frischkäse mit den Händen zu einem Teig verkneten. 6 Kugeln formen. Kuvertüre erhitzen, die Lollistiele mit der Spitze hineintauchen, danach mittig in die Teigkugel stecken. Auf einen Teller legen und 45 Min. in das Gefrierfach stellen.

4 Kuvertüre erneut erhitzen, die Kugeln hineintauchen, zum Trocknen in Styropor stecken. Je 1 Zuckerauge mit 1 Klecks Kuvertüre aufkleben. Cake-Pops in den Kuchen stecken.

Für 1 Torte

Für die Tortenböden:
270 g Mehl
2 EL Kakaopulver
1 Pck. Backpulver
1 Prise Salz
250 ml Buttermilch
1 Pck. Bourbon-Vanille-Aroma
225 g Butter
240 g Zucker
4 Eier
20 Amaretti

Für die Pralinencreme:
200 g Vollmilchschokolade
300 ml Sahne
200 g weiche Butter

Für die Cake-Pops:
150 g Marmorkuchen
50 g Doppelrahmfrischkäse
150 g Zartbitterkuvertüre
6 Zuckeraugen (s. S. 6)

Außerdem:
Fett für die Form
6 Lollistiele

Freunde aus dem All

KÖSTLICHE SCHOKOLADENKEKSE MIT KARAMELLFÜLLUNG

Zubereitung 45 Min. • Abkühlen mind. 3 Std. • Backen 10 Min. pro Blech

Für ca. 20 Kekse

250 g weiche Karamellbonbons
450 g Sahne
100 g Butter
150 g Mehl
200 g brauner Zucker
50 g Kakaopulver
1 Pck. Vanillezucker
1 Pck. Backpulver
100 g Zartbitterschokolade
3 Eier

Zum Verzieren:
Fotokarton in Mint
50 g Zartbitterkuvertüre

1 Karamellbonbons in kleine Stücke schneiden und mit der Sahne unter ständigem Rühren aufkochen. So lange köcheln lassen, bis sich alle Bonbons aufgelöst haben. Karamellsahne in eine Rührschüssel gießen und mind. 3 Std. im Kühlschrank erkalten lassen.

2 Den Backofen auf 175 °C vorheizen, zwei Backbleche mit Backpapier auslegen. Butter schmelzen. Mehl, Zucker, Kakao, Vanillezucker und Backpulver in einer Rührschüssel mischen. Schokolade fein hacken. Eier verquirlen. Eier mit der flüssigen Butter vermischen, dann die Mehlmischung und Schokolade unterrühren.

3 Auf jedes Backblech mit ausreichend Abstand ca. 20 walnussgroße Teighäufchen setzen. Achtung, sie gehen beim Backen ordentlich auf. Jeweils 10 Min. backen, abkühlen lassen.

4 Karamellsahne aufschlagen, bis sie eine schön feste Konsistenz erhält. In einen Spritzbeutel mit Lochtülle füllen und auf die flache Seite von der Hälfte der Kekse spritzen. Die anderen Hälften obenauf legen und festdrücken. Kekse evtl. erneut kalt stellen.

5 Die Ufokekse werden von kleinen Aliens geflogen! Dafür Außerirdische auf Fotokarton malen und ausschneiden. Kopf und Oberkörper reichen. Schokolade über dem heißen Wasserbad schmelzen und die Außerirdischen jeweils mit 1 Klecks Kuvertüre an den Keksen befestigen.

Spielwiese

MÖHRENKUCHEN MIT FRISCHKÄSETOPPING UND BUTTERKEKSEN

Zubereitung 1 Std. • Backen 50 Min.

1 Den Backofen auf 160 °C vorheizen, zwei Backbleche (30 x 40 cm, eins davon mit hohem Rand) mit Backpapier auslegen. Mehl, Backpulver, Zucker, Vanillezucker, Salz und Zimt in einer Rührschüssel mischen. Öl zugeben und mit den Rührbesen des Handrührgeräts unterrühren. Eier nacheinander zufügen, dann Möhren und Mandeln unter den Teig heben. Teig auf dem Blech mit hohem Rand verteilen und 50 Min. backen. Herausnehmen und auf das andere Blech stürzen. Backpapier abziehen, abkühlen lassen.

2 Frischkäse, Sahne und Puderzucker in einer Rührschüssel mit den Rührbesen des Handrührgeräts vermischen und auf den Kuchen streichen.

3 Butterkekse mit Zuckerguss überziehen. Anschließend nach Wunsch mit Spielzeug, Zuckerperlen, Glanzbildern oder Süßigkeiten verzieren und gut trocknen lassen. Kurz vor dem Servieren die verzierten Butterkekse auf den Kuchen legen.

Der ideale Kuchen für Geburtstagsfeiern im Kindergarten oder in der Schule! Dann sollte die Dekoration allerdings möglichst ausgewogen sein (nur Spielzeug oder nur Süßigkeiten), damit es keine Tränen gibt.

Für 1 Blechkuchen

220 g Mehl
2 TL Backpulver
250 g Zucker
1 Pck. Vanillezucker
1 Prise Salz
1 TL Zimt
250 ml geschmacksneutrales Öl
4 Eier
400 g Möhren, fein gerieben
100 g gemahlene Mandeln

Für das Topping:
300 g Doppelrahmfrischkäse
3 EL Sahne
120 g Puderzucker

Zum Verzieren:
20 Butterkekse
½ Tasse Zuckerguss (s. S. 6)
Spielzeug, Zuckerperlen, Glanzbilder und Süßigkeiten nach Belieben

Eis, Eis, Baby

WEISSE SCHOKOLADEN-MANDEL-KEKSE MIT EISFÜLLUNG

Zubereitung 35 Min. • Backen 10 Min. pro Blech

Für 15 Eissandwiches

Für die Kekse:
100 g Butter
150 g Mehl
1 Pck. Backpulver
200 g Zucker
1 Pck. Vanillezucker
100 g weiße Schokolade
3 Eier
100 g gemahlene Mandeln ohne Haut
3 Tropfen Bittermandelaroma

Für die Füllung:
15 kleine Eiskugeln nach Wahl

Zum Verzieren:
bunte Zuckerstreusel nach Belieben

1 Den Backofen auf 175 °C vorheizen, zwei Backbleche mit Backpapier auslegen. Butter in einem kleinen Topf schmelzen. Mehl, Backpulver, Zucker und Vanillezucker in einer Rührschüssel mischen.

2 Schokolade fein hacken. Eier mit den Rührbesen des Handrührgeräts schaumig schlagen, flüssige Butter, Mehlmischung, Schokolade und Mandeln nach und nach zum Eierschaum geben und unterrühren. Zum Schluss Bittermandelaroma zugeben.

3 Auf jedes Backblech mit ausreichend Abstand 15 Teighäufchen setzen. Achtung, die Kekse gehen beim Backen auf. 10 Min. backen. Abkühlen lassen.

4 Je 1 Kugel Eis auf die flache Seite der Hälfte der Kekse geben. Die andere Hälfte der Kekse obenauf legen und gut festdrücken. Nach Belieben mit Zuckerstreuseln garnieren.

Limonadenmuffins
SPRITZIGE KÜCHLEIN FÜR UNTERWEGS

Zubereitung 30 Min. • Backen 20–25 Min.

Für 12 Muffins

350 ml Zitronenlimonade
200 g Butter
250 g Zucker
3 Eier
300 g Mehl
2 TL Backpulver

Zum Verzieren:
200 ml Sahne und bunte
Zuckerstreusel nach Belieben

1 Limonade in einem kleinen Topf aufkochen, in ca. 10 Min. auf 100 ml einkochen und dann abkühlen lassen.

2 Den Backofen auf 170 °C vorheizen, Pappbecher mit Backpapier auslegen, überstehendes Papier abschneiden.

3 Butter und Zucker mit den Rührbesen des Handrührgeräts cremig rühren. Eier nacheinander unterrühren. Mehl und Backpulver mischen und mit der Limonade unter die Butter-Zucker-Ei-Mischung rühren.

4 Die Becher zu zwei Dritteln mit Teig füllen und die Küchlein 20–25 Min. backen. Zwischendurch Stäbchenprobe machen. Abkühlen lassen. Nach Belieben Sahne schlagen und jeden Muffin mit 1 Klecks frischer Sahne krönen und mit Zuckerstreuseln bestreuen.

Die Muffins schmecken mit Orangen- oder Grapefruitlimonade genauso gut.

Bärenbande

SCHOKOMUFFINS MIT STARKEN STREUSELN

Zubereitung 1 Std. • Backen 20 Min.

1 Mehl, Backpulver und Kakao in einer Rührschüssel mischen. In einer anderen Schüssel Ei verquirlen und mit Zucker, Öl, Aroma und Buttermilch verrühren. Mehlmischung zugeben und mit den Rührbesen des Handrührgeräts kräftig rühren, bis ein cremiger Teig entsteht. Schokolade in kleine Stücke schneiden und ebenfalls unterrühren.

2 Den Backofen auf 160 °C vorheizen. Für die Streusel Butter schmelzen. Mehl, Zucker, Vanillezucker, Kakao und Zimt zufügen und alles mit den Händen gut verkneten. Teig in eine 12er-Muffinform füllen, die Streusel darüberstreuen und 20 Min. backen. Abkühlen lassen.

3 Je 2 schokolierte Haselnüsse als Ohren, 2 Zuckeraugen und 1 Mandel als Nase in einen Muffin drücken. Wer die Bestandteile richtig sicher befestigen möchte, kann geschmolzene Schokolade als »Kleber« verwenden.

Für 12 Muffins

200 g Mehl
1 TL Backpulver
30 g Kakaopulver
1 Ei
80 g brauner Zucker
80 ml geschmacksneutrales Öl
½ TL Butter-Vanille-Aroma
250 ml Buttermilch
100 g Zartbitterschokolade

Für die Streusel:
100 g Butter
130 g Mehl
60 g brauner Zucker
1 Pck. Vanillezucker
1 EL Kakaopulver
1 Msp. Zimtpulver

Zum Verzieren:
24 schokolierte Haselnüsse
24 Zuckeraugen (s. S. 6)
12 ganze ungeschälte Mandeln
100 g Zartbitterschokolade nach Belieben

Spinnenkrabbelei

NUSSPLÄTZCHEN FÜR GRUSELIGEN PARTYSPASS

Zubereitung 1 Std. • Backen 15 Min. pro Blech

1 Den Backofen auf 160 °C vorheizen, zwei Backbleche mit Backpapier auslegen. Butter und Cashewmus mit den Rührbesen des Handrührgeräts zu einer cremigen Masse schlagen. Nacheinander Zucker, Vanillearoma und Ei zugeben und unterrühren. In einer zweiten Schüssel Mehl, Backpulver und Salz mischen, zu der Zucker-Ei-Mischung geben und sorgfältig unterrühren.

2 Teig zu walnussgroßen Kugeln rollen und auf die Bleche legen. 10 Min. backen. Herausnehmen und eine Mulde in jeden Keks drücken, anschließend erneut 5 Min. backen. Kekse gut abkühlen lassen.

3 Kuvertüre erwärmen und in einen Spritzbeutel mit dünner Lochtülle füllen. Spinnenbeine über die Kekse ziehen. Danach je 1 schokolierte Haselnuss in die Mulden setzen und mit der restlichen Kuvertüre die Zuckeraugen ankleben.

Für 35 Spinnen

125 g Butter
200 g Cashewmus
200 g brauner Zucker
1 Pck. Bourbon-Vanille-Aroma
1 Ei
300 g Mehl
1 Pck. Backpulver
1 TL Salz

Zum Verzieren:
100 g Zartbitterkuvertüre
35 schokolierte Haselnüsse
70 Zuckeraugen (s. S. 6)

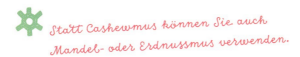
Statt Cashewmus können Sie auch Mandel- oder Erdnussmus verwenden.

Glücksgeschenke

Regenbogenbunte Feenstäbe

VANILLEPLÄTZCHEN ZUM VERZAUBERN

Zubereitung 1 Std. • Ruhen 1 Std. • Backen 15 Min.

Für 20 Feenstäbe

250 g weiche gesalzene Butter
1 Ei
1 Pck. Vanillezucker
100 g Puderzucker
300 g Mehl
1 Pck. Vanillepuddingpulver

Zum Verzieren:
20 Papierstrohhalme
½ Tasse Zuckerguss (s. S. 6)
Süßigkeiten, Schokolinsen und bunte Zuckerstreusel in verschiedenen Farben

Außerdem:
Mehl zum Verarbeiten

1 Butter und Ei mit den Rührbesen des Handrührgeräts schaumig rühren, dann Vanillezucker und Puderzucker zugeben. Mehl und Puddingpulver mischen und ebenfalls unterrühren. Teig in Frischhaltefolie gewickelt 1 Std. im Kühlschrank ruhen lassen.

2 Den Backofen auf 175 °C vorheizen, ein Backblech mit Backpapier auslegen. Teig auf einer bemehlten Arbeitsfläche 5 mm dick ausrollen und Sterne (Ø 8 cm) ausstechen. Plätzchen auf das Blech legen und vorsichtig einen Papierstrohhalm ein kleines Stück in jeden Keks schieben. Sterne 15 Min. backen, auf dem Blech vollständig abkühlen lassen.

3 Die Oberflächen der Sterne mit Zuckerguss bestreichen. Anschließend die Süßigkeiten nach Farben sortiert darauf verteilen.

Cremige Bonbons

MARZIPANHAPPEN IM SCHOKOLADENMANTEL

Zubereitung 45 Min. • Gefrieren 1 Std.

1 Kuchen zu feinen Bröseln zerreiben. Marzipanrohmasse mit einer Küchenreibe grob raspeln. Beides in eine Rührschüssel geben, Frischkäse zufügen und mit den Händen zu einem gleichmäßigen Teig verkneten. Aus je 1 TL Teigmasse kleine Kugeln formen und diese auf einen mit Backpapier ausgelegten Teller legen. Im Gefrierfach 1 Std. erkalten lassen.

2 Kuvertüre über dem heißen Wasserbad schmelzen. Kugeln mithilfe eines Teelöffels in die Schokolade tauchen. Auf einem Kuchengitter erkalten lassen.

Für ca. 40 Bonbons

300 g Mohn-Marzipan-Kuchen (Fertigprodukt oder Reste, s. S. 44)
50 g Marzipanrohmasse
100 g Doppelrahmfrischkäse
300 g Vollmilchkuvertüre

Für eine schöne Bonbonverpackung buntes Pergamentpapier und Cellophanfolie zu Rechtecken (10 x 10 cm) schneiden. Bonbons darin einwickeln, die Enden verzwirbeln und mit Bakers Twine Schnur verknoten.

 Sie können auch Varianten ausprobieren und zum Beispiel mit 1–2 Tropfen Lebensmittelfarbe, 1 TL Kakao oder gehackten Nüssen experimentieren. Baisers in einem luftdicht verschließbaren Behälter aufbewahren.

Zuckrige Eisberge

EASY BAISER MIT BUNTEN SPRENKELN

Zubereitung 20 Min. • Backen ca. 2 Std. pro Blech

Für ca. 20 Stück

2 Eiweiß
1 Prise Salz
100 g Zucker
1 TL Zitronensaft

Zum Verzieren:
bunte Zuckerperlen oder -streusel nach Belieben

1 Eiweiße und Salz mit den Rührbesen des Handrührgeräts steif schlagen, dabei nach und nach den Zucker einrieseln lassen. Dann den Zitronensaft zugeben. So lange weiterschlagen, bis sich der Zucker gelöst hat, sich steife Spitzen bilden und die Masse schön glänzt.

2 Den Backofen auf 100 °C vorheizen, zwei Backbleche mit Backpapier auslegen. Baisermasse in einen Spritzbeutel mit größerer Lochtülle füllen und mit ausreichend Abstand kleine Berge auf das Backpapier spritzen. Nach Belieben mit Zuckerperlen oder -streuseln bestreuen.

3 Baisers ca. 2 Std. im Ofen trocknen lassen. Ofen ausschalten und die Baisers darin vollständig austrocknen lassen, sie lassen sich dann ganz leicht vom Blech lösen.

Lobhudelei-Herzchen

SPEKULATIUSPLÄTZCHEN ZUR MOTIVATION

Zubereitung 45 Min. • Ruhen 2 Std. • Backen 12–15 Min.

Für 30 Stück

150 g weiche Butter
100 g Zucker
2 Eier
1 gehäufter TL Spekulatiusgewürz
1 Prise Salz
6 Tropfen Bittermandelaroma
250 g Mehl
1 TL Backpulver
100 g gemahlene Mandeln

Zum Verzieren:
1–2 Tropfen rote Lebensmittelfarbe
½ Tasse Zuckerguss (s. S. 6)
30 ausgedruckte Lobhudeleien
30 Glanzbilder
karierte Satinbänder

Außerdem:
Mehl zum Verarbeiten

1 Butter und Zucker mit den Rührbesen des Handrührgeräts schaumig schlagen. Eier nacheinander unterrühren. Alle anderen Zutaten in einer zweiten Schüssel vermischen, dann zur Butter-Zucker-Ei-Mischung geben und mit den Knethaken des Handrührgeräts zu einem glatten Teig verkneten. Teig in Folie gewickelt 2 Std. im Kühlschrank ruhen lassen.

2 Den Backofen auf 180 °C vorheizen, ein Backblech mit Backpapier auslegen. Teig dritteln und jede Portion auf einer bemehlten Arbeitsfläche ca. 5 mm dick ausrollen. Herzen (Ø 9 cm) ausstechen, aufs Blech legen und mit einem Strohhalm jeweils ein Loch in die Kekse stanzen. Plätzchen 12–15 Min. backen und abkühlen lassen.

3 Lebensmittelfarbe in den Zuckerguss rühren, sodass er sich rosa färbt. Mit dem Ende eines Schaschlikspießes die Ränder der Herzen mit Zuckergusspunkten verzieren. Je 1 Lobhudelei und 1 Glanzbild mit Zuckerguss auf die Herzen kleben, Satinbänder zurechtschneiden, durch die Löcher ziehen – und fertig sind die Lobhudeleien! Nicht vergessen: Verzehrt werden die Spekulatiusplätzchen natürlich ohne Lobhudeleien, Bilder und Bänder.

Zum Verschenken jeweils eine Schnecke in ein Glas setzen und den Deckel mit einem bunten Muffinförmchen aus Papier und einem Pompon verzieren.

Neugierige Schneckchen

MACARONS MIT VANILLEGANACHE

Zubereitung 1 Std. • Backen 30 Min. pro Blech • Abkühlen 1 Std.

1 Den Backofen auf 100 °C vorheizen, zwei Backbleche mit Backpapier auslegen. Eiweiße, Salz und Zucker mit den Rührbesen des Handrührgeräts steif schlagen. Puderzucker darübersieben und alles zu einem sehr steifen Eischnee schlagen. Mandeln vorsichtig unterheben.

2 Masse in einen Spritzbeutel mit Lochtülle oder in einen Gefrierbeutel füllen, an dem eine kleine Ecke abgeschnitten wird. Auf jedes Blech 20 Kreise spritzen und im Ofen jeweils ca. 30 Min. backen. Macarons auf dem Blech vollständig abkühlen lassen.

3 Für die Füllung Schokolade mit der Sahne über dem heißen Wasserbad schmelzen und das Vanillearoma zugeben. Im Kühlschrank 1 Std. abkühlen lassen. Masse mit den Rührbesen des Handrührgeräts aufschlagen und in einen Spritzbeutel mit Lochtülle füllen. Auf die flache Fläche von 20 Macarons spritzen, die übrigen Macarons mit der flachen Seite obenauf legen und leicht andrücken.

4 Zuckeraugen mit etwas Zuckerguss an die Zahnstocher kleben und jeweils zwei Augen seitlich in die Füllung stecken.

Für 20 Macarons

2 Eiweiß
1 Prise Salz
80 g feinster Zucker
40 g Puderzucker
125 g gemahlene Mandeln ohne Haut

Für die Vanilleganache:
75 g weiße Schokolade
30 ml Sahne
2 Tropfen Bourbon-Vanille-Aroma

Zum Verzieren:
40 Zuckeraugen (s. S. 6)
½ Tasse Zuckerguss (s. S. 6)
40 Zahnstocher

Süße Grüße

GLÜCKSKEKSE MIT KLEINEN LIEBESBOTSCHAFTEN

Zubereitung 30 Min. • Backen 10 Min. pro Blech

Für 50 Stück

3 Eiweiß
250 g Puderzucker
1 Prise Salz
100 g Butter
150 g Mehl
50 g gemahlene Mandeln
5 Tropfen Bittermandelöl
100 ml Milch

Außerdem:
50 kleine Zettel mit Liebesbotschaften

1 Eiweiße schaumig schlagen. Puderzucker und Salz unterrühren. Butter in einem kleinen Topf schmelzen und zugeben. Mehl, Mandeln, Bittermandelaroma und Milch zufügen und rühren, bis der Teig leicht zähflüssig ist.

2 Den Backofen auf 175 °C vorheizen, zwei Backbleche mit Backpapier auslegen. Jeweils 1 EL Teig zu Kreisen (Ø 9 cm) verstreichen. 10 Min. backen, bis sich die Ränder der Kekse leicht bräunlich färben.

3 Zettel schnell auf den Kreisen verteilen. Jeden Kekskreis zuklappen und die Halbmonde um einen Schälchenrand biegen, damit die Glückskekse die richtige Form erhalten.

 Achtung, die Kekse lassen sich nur im warmen Zustand formen. Wenn sie erkalten, werden sie hart. Falls der Teig bereits abgekühlt ist und sich nicht mehr biegen lässt, das Blech einfach noch einmal kurz in den Backofen schieben. Glückskekse unbedingt luftdicht verschlossen aufbewahren, damit sie knusprig bleiben. Zum Verschenken in Cellophanfolie hüllen und mit bunten Satinbändern und Briefmarken verzieren.

Fröhliche Wölkchen

KLEINE ORANGENPLÄTZCHEN AM STIEL

Zubereitung 45 Min. • Ruhen 1 Std. • Backen 10 Min.

1 Den Backofen auf 200 °C vorheizen, ein Backblech mit Backpapier auslegen. Butter in einer Rührschüssel schaumig schlagen. Zucker und Vanillezucker zugeben, dann das Ei unterrühren. Orangenschale abreiben und zum Teig geben. Zum Schluss das Mehl unterrühren. Teig sorgfältig kneten, zu einer Kugel formen und in Frischhaltefolie gewickelt 1 Std. im Kühlschrank ruhen lassen.

2 Teig auf einer bemehlten Arbeitsfläche ca. 0,5 cm dick ausrollen und mit einem scharfen Messer Wolken ausschneiden. Wölkchen auf das Blech legen, die Lollistiele von unten in den Teig stecken und die Plätzchen 10 Min. backen. Abkühlen lassen.

3 Zuckerguss in einen Spritzbeutel mit Lochtülle füllen, die Ränder der Wolke malen, dann die Innenfläche füllen. Den Zuckerguss am besten über Nacht aushärten lassen. Dann mit Lebensmittelfarbstiften die fröhlichen Gesichter aufmalen.

Für 25 Stück

200 g weiche Butter
100 g Zucker
1 Pck. Vanillezucker
1 Ei
1 Bio-Orange
300 g Mehl

Zum Verzieren:
1 Tasse Zuckerguss (s. S. 6)
Lebensmittelfarbstifte
in Schwarz und Pink

Außerdem:
Mehl zum Verarbeiten
25 Lollistiele

Kopf-hoch-Kuchen

TRÖSTLICHER KÄSEKUCHEN IM GLAS

Zubereitung 30 Min. • Backen 25 Min.

1 Den Backofen auf 180 °C vorheizen. Eier trennen und Eiweiße steif schlagen. In einer Rührschüssel Eigelbe, Zucker, Vanillezucker, Quark, Grieß und Vanillepuddingpulver mit den Rührbesen des Handrührgeräts zu einer geschmeidigen Masse verrühren. Eischnee vorsichtig unterziehen.

2 Käsekuchenmasse zu vier Fünfteln in die Gläser füllen, auf ein Backblech stellen und 25 Min. backen. Danach sofort die Deckel draufschrauben.

Für 4 Gläser (à 290 ml)

2 Eier
130 g Zucker
1 Pck. Vanillezucker
500 g Quark
2 EL Weichweizengrieß
1 Pck. Vanillepuddingpulver

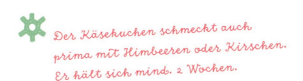

Der Käsekuchen schmeckt auch prima mit Himbeeren oder Kirschen. Er hält sich mind. 2 Wochen.

Stars in aller Munde

WALDMEISTERKEKSE MIT STAR-APPEAL

Zubereitung 1 Std. • Ruhen 1 Std. • Backen 10 Min.

1 Mehl, Backpulver, Zucker und Götterspeisenpulver mischen. Butter in kleine Stücke schneiden und zugeben. Alles mit den Knethaken des Handrührgeräts vermengen. Waldmeistersirup zugeben und so lange kneten, bis ein glatter Teig entsteht. Teig in Folie gewickelt 1 Std. im Kühlschrank ruhen lassen.

2 Den Backofen auf 180 ° C vorheizen, ein Backblech mit Backpapier auslegen. Teig auf einer bemehlten Arbeitsfläche ca. 3 mm dick ausrollen und mit einem scharfen Messer zackige Sterne oder Comicblasen ausschneiden. Aufs Blech legen und 10 Min. backen. Abkühlen lassen.

3 Lebensmittelfarbe in den Zuckerguss rühren, sodass er sich gelb färbt. Masse in einen Spritzbeutel mit Lochtülle füllen und die Ränder der Plätzchen mit Zuckerguss nachfahren. Starbildchen mit etwas Zuckerguss mittig aufkleben (und erst kurz vor dem Genießen der Waldmeisterkekse wieder entfernen).

Für 25 Stück

450 g Mehl
½ TL Backpulver
100 g Zucker
1 Pck. grünes Götterspeisenpulver
200 g kalte Butter
100 ml Waldmeistersirup

Zum Verzieren:
1–2 Tropfen gelbe Lebensmittelfarbe
½ Tasse Zuckerguss (s. S. 6)
ausgedruckte Starbildchen

Außerdem:
Mehl zum Verarbeiten

Das Ganze funktioniert auch mit vielen anderen Motiven – Pferden, Feen, Lieblingszeichentrickfiguren, Popstars ...

Rezept- und Zutatenregister

Amaretti   38, 61
Außerirdische im Anmarsch   10

Bärenbande   71
Baiser   80
Blaubeeren   41
Blitzschnelle Krümelei   35
Blue Curaçao Sirup   33
Brownies   41
Bravouröse Brötchen   15
Buttercreme   59
Butterkekse   65
Buttermilch   52, 61, 71

Cake-Pops   55, 61
Cashewmus   73
Crème fraîche   36, 38, 46, 52
Cremige Bonbons   79

Dinostarke Schokotarte   42
Donuts   18
Duftende Knusperblumen   28

Eierköpfe   49
Eis, Eis, Baby   66
Erdbeeren   41, 46

Familie Keks   13
Fantastische Fruchtpizza   46
Freunde aus dem All   62

Frischkäse   33, 55, 61, 65, 79
Fröhliche Wölkchen   89

Geburtstagsknaller   52
Gelatine   33, 36, 38, 52
Glotzendes Gebäck   16
Glückskekse   86
Götterspeisenpulver   93
Gummibärchen   27

Haferkekse   38
Hefe   10, 15, 18, 22, 46
Himbeeren   38, 41
Himbeercreme   38
Himmlischer Himbeersommer   38
Holundercreme   52

Joghurt   49

Kakaopulver   16, 42, 61, 62, 71
Karamell   35, 62
Käsekuchen   33, 91
Kiwi   41
Knusprige Pop-Tarts   21
Kokosflocken   13, 36, 56
Köstliche Kringel   18
Kopf-hoch-Kuchen   91
Krachertorte   59
Kürbiskerne   10
Kuvertüre   24, 55, 61, 62, 73, 79

Lebensmittelfarbe   44, 82, 89, 93
Limonadenmuffins   68
Lobhudelei-Herzchen   82

Luftballonkekse   27
Luftige Regenbogentorte   41

Macarons   85
Mandeln   10, 65, 66, 71, 82, 85, 86
Mango   36, 41
Maracuja   36
Marmelade   21, 28, 46
Marzipan   79
Mascarpone   46, 52
Meereskuchen   33
Melone   41
Minze   46
Möhre   65
Monstermampf   61
Muffins   68, 71

Neugierige Schneckchen   85
Nüsse   24, 55, 59, 71, 73

Orange   89

Passionsfrucht   36
Pie-Pops   28
Piñatakuchen   56
Pinienkerne   10
Pop-Tarts   21, 28
Pralinencreme   61

Quark   91

Regenbogenbunte Feenstäbe   76
Ricotta   27
Rosaroter Elefantenkuchen   44

Rosinen   22
Sahne   36, 38, 41, 42, 52, 56, 61, 62, 65, 68, 85
Saure Sahne   44
Schokolade   13, 15, 16, 18, 42, 61, 62, 71
Schokoladen-Puffreis   36
Schokolinsen   29
Schokostreusel   13, 18
Seesterne   24
Shortbread   13
Smarties   56
Spielwiese   65
Spinnenkrabbelei   73
Stars in aller Munde   93
Superbären   22
Südseetraum   36
Süße Grüße   86

Vampire im Anflug   55
Vanilleganache   85
Vanillepuddingpulver   76, 91

Waldmeistersirup   93
Weichweizengrieß   91
Weintrauben   46
Weiße Schokolade   13, 16, 41, 44, 46, 56, 66, 85

Zimt   65, 71
Zitrone   27, 52, 68, 80
Zuckeraugen   6, 10, 16, 24, 55, 61, 71, 73, 85
Zuckerguss   6, 16, 18, 21, 22, 65, 76, 82, 85, 89, 93
Zuckerstreusel   18, 21, 56, 66, 68, 73, 80
Zuckrige Eisberge   80

Pia Deges hat Film- und Fernsehwissenschaften studiert und lange als TV-Redakteurin gearbeitet. Seit vier Jahren lebt sie ihre Leidenschaft für Food-, DIY- und Gartenthemen als Autorin aus. Sie zieht gerne über Flohmärkte, gräbt den Garten um und reist durch die Welt, aber am liebsten probiert sie neue Backrezepte aus. Die witzigen Glückskrümeleien in diesem Buch haben ihr besonders viel Spaß gemacht.

Ein herzliches Dankeschön an die Firma Rice Denmark für die tolle, farbenfrohe Unterstützung!

Michael Ruder arbeitet seit über zwanzig Jahren erfolgreich als Fotograf für Bücher und Zeitschriften. Er liebt die abwechslungsreiche Vielfalt von Stills, People- und Architekturfotografie, aber am liebsten mag er, wenn das Fotografierte lecker schmeckt. Sein Motto: »Vor die Kamera gehört richtiges Essen und vor allem richtig gutes Essen.«

5 4 3 2 1   20 19 18 17 16

ISBN 978-3-88117-096-3

Rezepte: Pia Deges
Fotografie: Michael Ruder, www.lichtpunkt.cc
Redaktion: Kathrin Nick
Covergestaltung, Layout, Satz und Litho: typocepta, Köln

© 2016 Hölker Verlag im
Coppenrath Verlag GmbH & Co. KG
Hafenweg 30, 48155 Münster, Germany
Alle Rechte vorbehalten, auch auszugsweise

www.hoelker-verlag.de